Explique-moi...

La guerre et le terrorisme

Louise Spilsbury
Hanane Kai

Nathan

Première publication en Grande-Bretagne sous le titre *Global Conflict* en 2016
par Wayland, Hodder & Stoughton, une marque de Hachette Children's Books, à Londres.

Texturation des illustrations par Sarah Habli
Édité par Corinne Lucas
Conçu par Sophie Wilkins

Édition française

Réalisation : Belle Page (traduction : Christine Liabeuf)

ISBN : 978-2-09-257628-1
Numéro d'éditeur : 10233364
Dépôt légal : février 2018

Loi n° 49-956 du 16 juillet 1949 sur les publications destinées à la jeunesse, modifiée par la loi n° 2011-525 du 17 mai 2011

Achevé d'imprimer en novembre 2017 en Chine

Sommaire

Dans le monde, les gens appartiennent à différents groupes, pays et religions. Tu fais partie d'une famille, d'une école, peut-être d'un club sportif. La plupart du temps, les communautés vivent côte à côte en paix.

Mais les êtres humains ne s'entendent pas toujours bien. Des conflits peuvent survenir et dégénérer en combats, blessant et tuant des gens. En découvrant ces guerres, on ressent souvent de la tristesse, de la colère et de la peur. Ce livre va t'aider à comprendre les causes et les conséquences de ces événements.

Les conflits se produisent lorsque des groupes d'individus ou des pays ne parviennent pas à résoudre leurs désaccords par la parole et qu'ils commencent à se battre. Ils peuvent par exemple éclater quand un groupe ou un pays tente de prendre la terre d'un autre. Les gens partent aussi au combat pour empêcher que d'autres soient blessés ou maltraités.

Certains pensent que tout le monde devrait vivre comme eux et veulent obliger les autres à partager leurs croyances et leurs coutumes. C'est aussi une source de conflits et de violence.

Pendant une guerre, des groupes s'affrontent jusqu'à ce que certains se rendent ou perdent. Les conflits peuvent prendre fin lorsqu'ils parviennent à discuter entre eux et à résoudre leur désaccord. Les chefs d'États décident comment, où et quand attaquer leur ennemi. Les soldats s'affrontent avec des armes. Les personnes qui ne se battent pas sont des civils.

La plupart des humains pensent que la lutte armée n'est pas une solution et qu'il vaut mieux résoudre ses problèmes en parlant. Mais ceux qui partent en guerre estiment que c'est la seule façon de préserver leur nation et ses habitants. Les soldats qui se battent le font pour protéger ceux qu'ils aiment.

Lorsque des individus commettent des actes de violence pour attirer l'attention sur leurs idées, on appelle cela le terrorisme. Les terroristes posent des bombes dans des endroits publics. Certains groupes religieux réalisent des attentats parce qu'ils estiment être maltraités ou qu'ils ne sont pas d'accord avec les croyances d'autres communautés.

Les terroristes souhaitent faire peur aux gens pour que les chefs d'État du monde accèdent à leurs demandes. Il est important de le savoir et d'être vigilant, même s'il est peu probable qu'ils s'attaquent à toi et à ceux que tu aimes.

Lors d'une guerre ou d'attaques terroristes, les personnes des deux camps peuvent être blessées ou tuées. Leurs maisons, leurs écoles, leurs lieux de travail et de culte sont souvent détruits ou incendiés.

De nombreux civils quittent leur foyer pour échapper à de terribles combats. Ils cherchent alors un endroit où une vie meilleure sera possible. Ces gens, qui quittent leur pays en raison du danger, sont des réfugiés.

Les conflits bouleversent la vie des gens, qui doivent tout reconstruire. Les réfugiés sont contraints de trouver un nouvel endroit où vivre et travailler, de se faire de nouveaux amis et d'apprendre une nouvelle langue. Les victimes ressentent souvent de la peur et de la tristesse, longtemps après une guerre.

Lorsque les écoles sont détruites, les enfants ne peuvent plus apprendre ni jouer ensemble. Les professeurs font souvent classe dans des endroits inhabituels en attendant la construction d'un nouvel établissement.

Les associations caritatives portent assistance aux personnes dans le besoin. Des bénévoles apportent de l'eau potable, de la nourriture et des tentes à ceux qui ont perdu leur maison. Ils réconfortent les gens qui sont tristes. Des médecins et des infirmières soignent les blessés.

Les gouvernements et les associations aident les victimes à reprendre une vie normale. Ils trouvent des maisons pour les réfugiés, donnent les matériaux pour réparer les bâtiments. Ils fournissent aussi des outils pour que les habitants puissent recommencer à travailler.

Les règles nous aident à maintenir la sécurité. À l'école, elles empêchent les enfants de frapper ou de malmener les autres. Il existe des conventions pour assurer la protection des enfants, des civils, des soldats blessés, des hôpitaux et des lieux de culte en temps de guerre.

La plupart des pays respectent ces contraintes pendant un conflit. Dans le cas contraire, leurs responsables sont punis et emprisonnés. D'autres nations cessent alors de leur acheter des produits ou de leur en vendre, ce qui peut les obliger à obéir aux lois.

Il n’est pas toujours facile de résoudre ses disputes seul. Certains aident à mettre fin aux conflits. L’Organisation des Nations unies (ONU) est un groupe de pays qui travaillent ensemble pour arrêter les guerres et protéger les civils.

L’ONU tente d’établir un dialogue entre les camps adverses lorsque survient un désaccord. Elle les épaule pour trouver une solution, sans mettre des personnes en danger. Elle tente de régler les conflits par les mots, plutôt que par les armes.

Il est normal que les gens soient parfois en désaccord. L'important est de ne pas laisser une dispute dégénérer en conflit. S'il y a des cris et des menaces les deux côtés risquent de perdre leur sang-froid. Il est préférable de rester calme et d'exprimer son point de vue poliment, en respectant l'autre.

En écoutant les autres, on comprend mieux leurs sentiments. Il est alors possible d'arriver à un compromis : chaque groupe renonce à une chose en échange d'autre chose. Comme des équipes sportives, qui partagent un terrain plutôt que de se battre pour savoir qui va jouer dessus.

La meilleure façon d'éviter les conflits est de s'ouvrir aux autres. Nous sommes tous les mêmes. Nous méritons tous d'être en sécurité et de pouvoir choisir nos croyances. Comprendre les autres nous aide à les respecter et à vivre ensemble en harmonie.

Il est naturel de ressentir de la colère en voyant des blessés. Mais il ne faut pas pour autant rejeter la faute sur une communauté entière lorsque seuls quelques individus ont mal agi. Si un enfant volait un ordinateur dans ton école, il serait injuste de traiter tous les élèves de voleurs, non ?

23

C'est bien de se soucier des conflits dans le monde, mais cela ne doit pas devenir une source d'inquiétude. Si tu es bouleversé, explique ce que tu ressens à un adulte en qui tu as confiance. Tu peux aussi penser à tout ce qui est positif dans le monde et faire des choses que tu aimes.

La plupart des gens sont bons et attentionnés. On parle des guerres dans l'actualité parce que ce sont des événements terribles.
Mais ta famille et toi n'êtes pas en danger. Et n'oublie pas : il y a beaucoup de gens intelligents qui cherchent à empêcher les conflits et le terrorisme, et à faire du monde un endroit plus sûr pour nous tous.

Il est satisfaisant pour soi d'aider ceux qui en ont besoin ; et il existe de nombreuses façons de le faire. Tu peux participer à une collecte de nourriture ou de vêtements à l'intention des réfugiés, à une vente de gâteaux ou à la préparation d'un spectacle pour récolter de l'argent à reverser aux associations qui aident les civils dans les zones de conflit. As-tu d'autres idées ?

Des livres, des sites

Ouvrages

Le jour où on a arrêté de faire la guerre, Thierry Lenain, coll. *Premiers romans*, Nathan, 2017

Eux, c'est nous. Daniel Pennac, Jessie Magana et Carole Saturno, illustré par Serge Bloch, Les Éditeurs Jeunesse avec les réfugiés, 2015

La Guerre qui a changé Rondo, Romana Romanyshyn et Andriy Lesiv, traduit par Laurana Serres-Giardi, Rue du Monde, 2015

Sites Internet

www.savethechildren.ch/fr
Save the Children œuvre à la protection des enfants dans le besoin.

www.croix-rouge.fr
La *Croix-Rouge* aide les victimes de guerres et catastrophes.

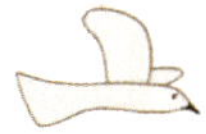

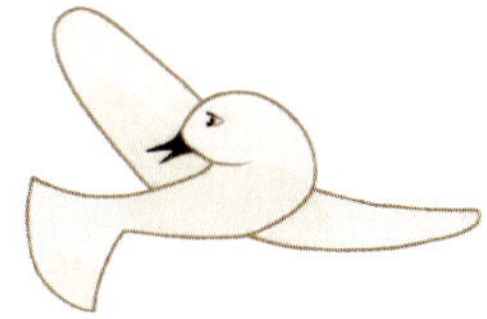

Des mots expliqués

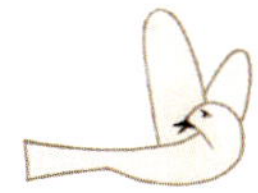

association caritative : groupe qui aide les personnes dans le besoin

civil : personne qui n'est pas militaire

compromis : action, pour chaque camp, de renoncer à quelque chose pour parvenir à un accord

conflit : désaccord très violent, combat, bataille ou guerre

coutume : chose qu'un groupe de personnes fait régulièrement ensemble

culte : ensemble de cérémonies pour honorer un ou plusieurs dieux, selon sa religion. Ce mot désigne aussi la pratique d'une religion

gouvernement : groupe de femmes et d'hommes à la tête d'un pays qui prennent des décisions le concernant

Organisation des Nations unies (ONU) : groupe de pays qui œuvrent ensemble pour prévenir et pour arrêter les guerres

réfugié : personne qui quitte son pays à la recherche d'un endroit où vivre en sécurité

religion : croyance en un ou plusieurs dieux, ensemble de pratiques et de rites bien définis propres à une foi

respect : fait de se soucier des sentiments et opinions des autres

terroriste : personne qui pose des bombes ou commet des actes violents pour effrayer les autres, avec un but politique ou religieux notamment

Index